AF509891

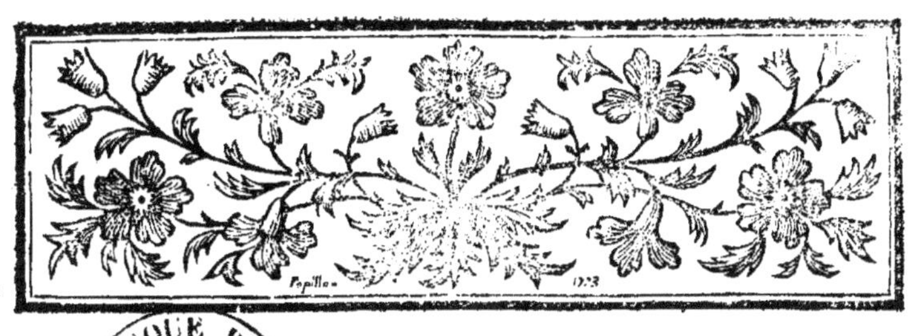

MÉMOIRE

POUR le sieur JACQUES-THOMAS TRIANON , Maître Traiteur à Paris , tant en son nom de Créancier personnel, que comme ayant les droits cédés du sieur PIERRE DE RIQUEHEM , aussi Maître Traiteur à Paris , Demandeur ;

CONTRE Dame JULIE DE VILLENEUVE-VENCE , épouse de Messire JULES-FAURIS-DE-SAINT-VINCENT , Président à Mortier au Parlement d'Aix , Défenderesse.

Châtelet de Paris.

Présidial.

MADAME la Présidente de Saint-Vincent est I. débitrice envers Trianon, 1°. d'une somme de 1279 l. tant pour alimens que lui & le sieur de Riquehem son beau-frere lui ont fourni en prison , que pour argent que Trianon lui a prêté ; 2°. d'une somme de 223 liv. pour loyer de neuf couverts & d'une grande cuiller à ragoût d'argent ; II. dépositaire de ces mêmes couverts & cuiller à ragoût d'argent

A

que Trianon lui a loué & qu'elle refufe de lui rendre & reftituer.

Trianon a fommé Madame la Préfidente de lui payer ces 1279 liv. & ces 223 livres, & de lui rendre & reftituer fon argenterie. Madame la Préfidente a refufé de déférer à cette fommation. Trianon l'a fait affigner ; il a conclu contr'elle au paiement, à la reftitution & à la contrainte par corps. Il l'a traduit à l'audience pour l'y faire prononcer.

Madame la Préfidente a comparu ; les qualités ont été pofées & l'audience a été indiquée à jour certain.

C'eft pour inftruire les Magiftrats qui ont à prononcer entre Madame la Préfidente & Trianon, & les convaincre de la juftice de fes conclufions, que ce dernier a l'honneur de leur adreffer ce Mémoire.

Il fera infiniment fimple dans le récit des faits & la difcuffion des moyens.

F A I T S.

Trianon a eu la confiance non-feulement de fournir pendant un affez long-tems à Madame la Préfidente de Saint-Vincent des alimens, lorfqu'elle étoit détenue prifonniere au Grand Châtelet & à la Conciergerie du Palais, mais encore de lui prêter de l'argent dans fes befoins. Ces alimens & cet argent prêté forment un capital de 1200 livres.

Madame la Préſidente a confeſſé cette vérité &
lui a rendu hommage par écrit ; & cet écrit ſigné
(entre les deux guichets des priſons de la Conciergerie du Palais , où elle avoit été transférée en-
ſuite ,) (1) a pour date le 24 Août 1775.

Trianon eût bien fait de s'en tenir-là. Il ne fut
point auſſi ſage. Peu de jours après l'époque du 24
Août 1775 , il *confia* à Madame la Préſidente , *à
titre de location*, neuf couverts & une grande cuiller
à ragoût d'argent. Madame la Préſidente lui promit
de les lui rendre & de lui en payer la location ,
avec le montant du billet du 24 Août 1775 , auſſitôt
que ſon procès avec M. le Maréchal Duc de Richelieu ſeroit jugé. Elle hypotéqua même à ce
paiement les dommages & intérêts que M. le Maréchal devoit être condamné à lui payer.

Ce procès n'eſt autre qu'un procès criminel.
Madame la Préſidente y défend au decret de priſe
de corps décerné contr'elle par M. le Lieutenant
Criminel , le 15 Août 1774 ; 1°. ſur la plainte
rendue à ce Magiſtrat par M. le Maréchal de Richelieu , le 27 Juillet précédent , contre les au-
teurs , fauteurs , complices & adhérens de la fabrication d'une quantité de billets au porteur ,
que Madame la Préſidente vouloit négocier comme
ſignés de M. le Maréchal , & ſur quelques - uns
deſquels elle avoit touché cent vingt mille francs ;

---

(1) Voyez-le aux Piéces Juſtificatives , N°. 1.

4

2°. fur l'information commencée le 8 Août fuivant.

Il eft fans doute un terme à tout. La raifon fit une loi à Trianon d'en mettre un à fes fournitures d'alimens & d'argent. Il difcontinua donc, & Madame la Préfidente chercha un autre Traiteur.

Entre tous Pierre de Riquehem fut préféré. Il eut l'honneur de fervir Madame la Préfidente les 16, 17, 18, 19, 20, 21, 22 & 23 Janvier 1776.

Le 24 il eut celui de préfenter fon mémoire (1) ; il fe montoit à 79 livres 3 fols.

Comme Madame la Préfidente avoit promis de payer à l'expiration de chaque huitaine, de Riquehem demanda fon paiement.

Elle chercha à s'en excufer fous le prétexte qu'elle n'avoit point d'argent : elle propofa à de Riquehem de confentir qu'elle le reculât jufqu'au jugement de fon procès criminel, & qu'elle le lui *affignât fur les dommages & intérêts* qui devoient, difoit-elle, réfulter des condamnations à prononcer à fon profit contre M. le Maréchal de Richelieu ; elle le pria de continuer cependant fes fournitures jufqu'au terme & aux conditions qu'elle venoit de mettre en avant.

De Riquehem connoît tout ce qui eft dû à une Dame de la qualité de Madame la Préfidente de Saint-Vincent. Mais ces propofitions étoient con-

____

(1) Voyez-le aux Pieces Juftificatives, N°. 2.

traires aux conditions qui avoient précédé ; il refufa de les accepter, & ne crut point manquer de refpeɛt.

Madame la Préfidente prit donc le mémoire de Riquehem ; elle écrivit au pied : *arrété le préfent mémoire, convient devoir 79 liv. à M. de Riquehem,* figna *Vence de Saint-Vincent,* & le lui rendit.

Trianon, de fon côté, rendoit à Madame la Préfidente de fréquentes vifites. Il follicitoit non-feulement tout ou partie du paiement de fa créance, mais encore la remife de fes neuf couverts & de fa grande cuiller à ragoût, dont il n'avoit qu'une reconnoiffance verbale, & Madame la Préfidente le renvoyoit toujours au jugement de fon procès, aux dommages & intérêts, &c.

Le 29 Mars 1776, ce fameux procès reçut un Jugement au Parlement. L'Arrêt prononça un interlocutoire, & ordonna que Madame la Préfidente feroit relaxée des prifons.

Madame la Préfidente relaxée, fe choifit un domicile rue de Sorbonne, & s'y établit.

Trianon, dont le paiement fe trouvoit reculé par l'Arrêt du 29 Mars, recommença dans la rue de Sorbonne les vifites que jufques-là il avoit toujours rendu à Madame la Préfidente en prifon : il demandoit toujours fon paiement & la remife de fon argenterie.

Il ne réuffit pas mieux ici que là.

Madame la Préfidente le renvoyoit tantôt au

Vicomte (1) de Caſtelane , tantôt auſſi à *M. l'Abbé* (2) *Coulon.* Une autrefois elle lui donnoit rendez-vous » le ſoir (3) , ſous prétexte qu'elle ne » pouvoit arranger ſes affaires que dans la journée , » & qu'elle avoit eu des affaires au Palais tous ces » jours-ci ». Le lendemain elle lui écrivoit » qu'elle » (4) n'avoit point fini *ſon affaire* , & que ce ne » ſeroit qu'aujourd'hui , encore falloit-il qu'elle ne » fût pas détournée comme hier : mais ſi elle fi- » niſſoit aujourd'hui , elle lui enverroit dix ou » douze louis ce ſoir ou demain , & que voilà ſa » parole d'honneur ſur laquelle il pouvoit compter ; » mais qu'elle ne pouvoit lui aſſurer les momens ; » qu'il ne vînt pas parce qu'elle enverroit chez lui ». D'autrefois elle le remettoit à la fin de ſon procès ; d'autrefois enfin il ne pouvoit avoir l'honneur de parvenir juſqu'à elle.

De Riquehem ne ſe préſentoit pas moins ſou-vent à ſa porte , & ſes ſuccès n'étoient pas plus brillans que ceux de Trianon.

Ainſi éconduits tous deux , ils ne ſe retiroient jamais ſans humeur : quelquefois ils penchoient à croire leurs créances perdues ; d'autres réflexions venoient croiſer celles-ci ; & comme l'eſpérance exerce un grand empire ſur notre humanité , tou-jours ils finiſſoient par bien penſer & prendre patience.

---

(1) Voyez aux Pieces Juſtificatives le N°. 3.
(2) Voyez aux Pieces Juſtificatives le N°. 4.
(3) Voyez aux Pieces Juſtificatives le N°. 5.
(4) Voyez aux Pieces Juſtificatives le N°. 6.

Le 31 Août 1776, Trianon fut affez heureux pour arriver à Madame la Préfidente : elle le paya cette fois-ci de la même monnoie que les précéden-tes; mais au moins reconnut-elle par écrit (1) qu'elle étoit locataire de l'argenterie, & s'obligea-t-elle à en payer les loyers & à la rendre. Flotte, fon Commiffionnaire, voulut qu'elle ajoutât qu'elle ne la rendroit qu'à la fin de fon procès.

Trianon en étoit là, lorfqu'il reçut, le 30 Septembre 1776, par la voie de la petite Pofte, une lettre anonyme (2) qui vint fixer fon opinion. Elle lui apprenoit que fon *argenterie avoit été engagée de la part de Madame la Préfidente* ; elle portoit le timbre E, avoit été collectée la veille à la neuvieme levée, dans la boëte numérotée 22, & tenue par le fieur Campan, Maître Chandellier, rue des Moulins, Butte Saint-Roch.

Trianon regarda la conduite de Madame la Préfidente comme un abus abominable de fa confiance : dès-lors il fe crut affranchi de tous ménagemens, & ne différant pas il fe tranfporta chez elle ; mais il ne put parvenir à la voir de toute la journée. Plus heureux le lendemain, il fut introduit, expliqua le fujet de fes inquiétudes & le motif de fa venue, & il pria Madame la Préfidente de lui faire repréfenter & rendre fur le champ fon argenterie.

Elle n'étoit point préparée à cet événement, &

______

(1) Voyez aux Pieces Juftificatives le N°. 7.
(2) Voyez aux Pieces Juftificatives le N°. 8.

elle eut befoin de quelques inftans pour cacher fon trouble & fe remettre.

Mais reprenant bientôt fes fens, elle chercha à éluder, avec toutes les graces qui lui font propres, le point de la queftion. Il ne lui fut pas fi aifé qu'elle fe l'étoit imaginé de faire prendre le change : Trianon tint ferme ; & la preffant plus vivement encore de répondre cathégoriquement & de lui faire la repréfentation de fes couverts, il arracha d'elle l'aveu qu'elle les avoit engagés.

Cet aveu défarma Trianon : il fut affez foible pour être touché de ce qu'elle lui dit, & la croyant dans la mifere, il fe contenta de l'affurance qu'elle lui donnoit de lui reftituer fon argenterie & de lui en payer les loyers à la fin de fon procès, toujours fur les dommages & intérêts qu'elle difoit en attendre.

Trianon vivoit tranquillement fur cette foi, lorfqu'on lui dit, au mois de Novembre 1776, que M. le Maréchal de Richelieu avoit donné à l'impreffion les *interrogatoires* qu'il avoit fait fubir à Madame la Préfidente, devant M. le Lieutenant Criminel, & les *réponfes* qu'elle y avoit fourni, & que ces réponfes pourroient le mettre en état de juger par lui-même de la folidité des objets fur lefquels Madame de Saint-Vincent lui avoit affigné fon paiement..

Trianon, excité par ce récit, conçut auffitôt le deffein de s'en procurer un exemplaire. Il ne crut

pas

pas trop préfumer de fes forces. Il prit la liberté de
s'adreffer directement à M. le Maréchal de Richelieu
& par un placet de le fupplier de lui faire remettre
cet exemplaire.

Sa confiance ne fut point vaine. M. le Maréchal
eut la bonté d'accueillir fa demande, & lui fit parvenir l'imprimé dont il avoit befoin.

Mais quel ne fut point fon étonnement, lorfqu'il *Inter. 2 & 3 du 1. Interrog.*
y lut que Madame la Préfidente de Saint-Vincent,
mariée à l'âge de quinze ans, n'avoit *vécu que
quatre ans avec M. fon mari ;* & qu'au bout de ce tems
elle avoit été *enfermée* par ordre du Roi dans un premier Couvent, où elle avoit été détenue quinze ans !

Cette phrafe qu'elle dit avoir adreffée à M. le *Inter. 4. p. 6.*
Maréchal : « *Mon coufin, je ne puis pas emprunter,*
» *parce que je fuis en puiffance de mari ; donnez-moi*
» *quelque chofe pour que je puiffe emprunter deffus !..* »

Qu'elle avoit fait offrir & même offert par fes let- *Page 10.*
tres à M. le Maréchal de réparer tous les torts qu'elle
avoit eus, en lui rendant les billets qu'elle lui avoit
donnés, & en payant ceux de Ruby !

Que fi elle avoit dit dans fes interrogatoires à la *Inter. 7.*
Baftille, qu'*elle avoit fourni à M. le Maréchal la valeur
des billets ;* on avoit néanmoins dit de fa part & par
une variation du oui au non, lors de la négociation de
ces effets, que *M. le Maréchal avoit emprunté cette
fomme à M. de Vence fon pere, lors de fon paffage à
Aix ;* & que forcée de s'expliquer fur cette variation,
elle avoit, par une autre variation non moins frappante, *dénié avoir dit qu'elle eût fourni la valeur,* &

B

avoir connoissance qu'il eût été dit que M. le Marechal avoit emprunté cette somme lors de son passage à Aix; & avoit ajouté * que *M. le Maréchal ne lui devoit point les billets en question.*

Qu'elle avoit d.t que c'étoit *le 13 Novembre 1773* qu'elle avoit reçu de Paris, de la part & dans une lettre de M. le Maréchal, les trois billets, dont l'un de cent mille écus, & les deux autres de 60000 l. & que néanmoins sur la preuve littérale offerte par elle-même que M. le Maréchal *étoit le 13 Novembre 1773 à Nemours & à Fontainebleau;* elle 1°. s'étoit dédite * en continuant à affirmer que M. le Maréchal étoit à Paris le 13 Novembre 1773; 2°. avoit assigné une autre époque, incertaine, à cet envoi de billets; parce que, disoit-elle, sa mémoire ne lui fournissoit pas à cet égard, & qu'elle *n'avoit fait l'affirmation du 13 Novembre 1773, que par le calcul qui avoit été fait depuis avec l'Abbé Froment.*

Que Madame la Présidente qui avoit dit précédemment dans un Mémoire qu'elle avoit donné à M. le Lieutenant Criminel, que *M. le Maréchal avoit voulu par un trait singulier de générosité qu'elle ajoutât au billet de cent mille écus deux nouveaux billets de 60000 liv. & qu'elle avoit tout simplement fait dresser des billets au porteur & les lui avoit envoyés;* avoit néanmoins varié en disant * *qu'elle avoit envoyé à M. le Maréchal cinq billets de 60000 liv. & celui de cent mille écus, en lui mandant de signer à son choix ou ceux de 60000 liv., ou celui seul de cent mille écus; que M. le Maréchal avoit signé celui*

*de cent mille écus , & par excès de générosité deux de
60000 liv. chacun , quoiqu'elle ne lui eût point demandé dans sa lettre ni auparavant, de vive voix , cet
excès de générosité ;* que pressée par M. le Lieutenant
Criminel sur cette contradiction, elle avoit préféré * 〔 *Inter. 34
(en reconnoissant ce Mémoire pour celui qu'elle
avoit présenté) *de le désavouer en plusieurs points.*

Qu'en réponse à la lettre que lui avoit écrit M. le 〔 Inter. 48.
Maréchal le 12 Juillet 1773 , & dont voici la copie :
» J'apprends (*a*) avec *étonnement*, ma chere cousine,
» qu'il se négocie pour 200000 liv. de billets signés
» de moi : ce qui m'étonne encore davantage, c'est
» qu'on m'a dit que vous étiez mêlée là dedans, ce
» que je ne puis croire. Je vous prie d'écouter,
» avec bonté, le sieur Marion, mon Intendant, qui
» vous remettra cette lettre , *& l'aider* à démêler *le*
» *fil de cette friponnerie,* que vous avez autant d'in-
» térêt que moi à ne pas laisser impunie ». Au lieu
de soutenir à M. le Maréchal si cela eût été vrai,
que les billets *signés de lui & négociés* avoient été
signés par lui, au profit d'elle , & qu'il les lui avoit
donnés ; elle avoit au contraire reconnu que la signa-
ture & la négociation de ces mêmes billets étoient
une *friponnerie,* en s'expliquant ainsi dans sa lettre
du 16 du même mois à M. le Maréchal : Mon (*a*)

(*a*) (a) Voyez ces deux lettres dans l'Imprimé , qui a pour titre « *Mé-*
» *moire pour M. le Maréchal Duc de Richelieu , Pair de France,* contre
» *Madame la Présidente de Saint Vincent ;* est signé Me Tronchet,
» Avocat ; contient 171 pages d'impression in-4°. , & sort à Paris de
» *l'Imprimerie de Louis Cellot, rue Dauphine. M. DCC. LXXV.*

» cher cousin, je réponds vîte à votre lettre *qui m'a*
» *causé autant d'étonnement qu'à vous la nouvelle de*
» *ces billets & du nom de Madame de Saint-Vincent,*
» *qu'on dit être mêlée là-dedans, & que j'ignorois par-*
» *faitement.* J'envoie cette lettre à M. Marion, par
» une personne *qui pourra l'aider à découvrir quelque*
» *chose,* & j'embrasse mon cher cousin. *Ecrivez-moi*
» *ce que vous apprendrez,* & aimez-moi toujours,
» car je suis bien fâchée contre ceux qui nomment
» mon nom sans me connoître ».

Inter. 51.   Qu'elle convenoit avoir nié sçavoir que l'on ven-
doit les billets publiquement, espérant cacher à M.
le Maréchal qu'elle en avoit vendu.

Inter. 52.   Qu'elle convenoit avoir eu & avoir encore des
inquiétudes sur ces billets.

Inter. 53.   Qu'elle attestoit ensuite, affirmoit & juroit qu'elle
avoit reçu les billets de M. le Maréchal, & plusieurs
de la main à la main.

Inter. 54.   Qu'à l'instant de la réception de la lettre de M.
le Maréchal, en date du 12 Juillet 1773, elle avoit
fait retirer des mains de la femme Leroy les billets
qui y étoient, & avoit dit à tout le monde : *rendez*
les billets

Inter. 56.   Que de ses lettres à Benavent il résultoit que
1°. craignant d'abord que Ruby ne la trahît, &
ensuite les informations que l'on faisoit ; 2°. *se mou-*
rant, elle vouloit *partir le lundi suivant, parce que*
sans cela elle étoit perdue, & qu'ainsi elle *faisoit sa*
malle & partoit avec son neveu, ou *qu'il falloit*
qu'elle fût prise.

Qu'elle avoit dit qu'*elle ne favoit ce que c'étoit* *Inter. 62,* *qu'une lettre de change* ; que cependant, d'un côté, M. le Lieutenant Criminel lui ayant repréfenté une lettre qu'elle reconnoiffoit avoir écrite à Benavent, dans laquelle on lit : « *Tâche d'avoir les mille écus,* » car la *lettre de change ne vaut pas grand'chofe. Je* » mourrai de peur, fi tu ne me les portes à deux » heures ». D'un autre côté, elle avoit dit que la *lettre de change* dont elle parloit étoit la même que Ruby lui avoit donnée ; d'où il s'enfuivoit qu'elle en impofoit à la Juftice, en lui difant, le 8 Août 1774, qu'elle ne favoit pas ce que c'étoit qu'une lettre de change.

Qu'elle avoit dit qu'*elle avoit couché avec M. le* *Inter. 19 du* *Maréchal.* *2 interrog.*

Qu'elle *ne fe fouvenoit point de lui avoir fait* *Inter. 21,* *accroire qu'elle eût eu un enfant de lui* ; & néanmoins par une contradiction frappante, qu'elle étoit convenue * *avoir cherché à lui faire accroire qu'il* ** Inter. 25,* *lui avoit fait un enfant. . . . . ;* lui avoir mandé *qu'elle étoit groffe, quoiqu'il n'en fût rien ;* & avoir voulu auffi le faire accroire au fieur Vedel * ; ** Inter. 32* au *fieur Vedel, pour fe rendre intéreffante & s'en* *& 34.* *faire aimer* ; à *M. le Maréchal, pour avoir de* *l'argent.*

Qu'elle avoit dit que fes Confeils lui avoient *Inter. 22 &* répondu *de ne point fe mêler de fes affaires & qu'elle* *25.* *gâtoit tout en s'en mêlant ;* que ceux qui lui avoient dit qu'elle gâtoit fes affaires en s'en mêlant, étoient tout le monde , M. l'Abbé de Villeneuve , M. de Castelanne , & autres.

Inter. 46. Qu'elle avoit dit qu'elle convenoit que, par nombres de lettres, *elle avoit cherché à faire accroire au sieur Vedel* qu'elle étoit en relation avec Pechot , relativement à l'argent que M. le Maréchal lui promettoit , *& qu'elle faisoit accroire à Vedel* que Pechot alloit arriver ; mais que la *vérité étoit* qu'*elle n'avoit écrit que trois lettres à Pechot , & qu'à la fin Vedel l'ayant sçu , le lui avoit fait avouer.*

Inter. 47. Qu'elle *présentoit à Vedel des lettres* comme *écrites par Pechot , qu'elle faisoit écrire par des Pensionnaires ou autres personnes ,* du nom desquelles elle ne se souvenoit plus.

Inter. 57. Qu'*on avoit écrit au pied des deux mandats de cent mille écus ,* qu'elle disoit avoir reçu de M. le Maréchal , *accepté Peixotto.*

Inter. 59. Qu'interrogée quel étoit le nom du Procureur de Poitiers , chez qui , suivant elle , M. le Maréchal avoit mis en dépôt 45000 livres , à l'effet de les lui donner ; (quoique le Juge lui observât qu'on avoit trouvé sous les scellés 1°. une copie transcrite par le sieur Vedel d'une lettre prétendue écrite à elle par M. le Maréchal, dans laquelle on lit « Pe- » chot s'y rendroit avec les cent mille écus dont je » l'ai chargé , cela vous mettroit à votre aise pour » un tems ; il doit retirer les 45000 livres qui sont » chez le Procureur. Je lui ai déjà écrit afin qu'il » le donne à son arrivée ; 2°. une lettre d'elle au sieur Vedel , dans laquelle elle lui écrivoit « : Si

» Pechot ne vient pas , nous nous ferons donner
» nos 45000 livres, *repoſe là-deſſus* ».

Elle s'étoit contentée de répondre « *qu'elle étoit*
» *fort ſurpriſe que M. le Maréchal lui fît demander*
» *raiſon de toutes les lettres qu'il lui avoit écrites ,*
» *& de toutes les rapſodies dont ces lettres étoient rem-*
» *plies ; qu'elle n'avoit point envoyé de copies de let-*
» *tres audit ſieur Vedel qu'elle n'en eût eu les origi-*
» *naux , & qu'elle avoit reçu celle dont étoit queſtion;*
» *qu'il en exiſtoit une copie faite par ledit ſieur*
» *Vedel , & qu'elle n'en diroit pas davantage* ».

Que à elle remontré qu'elle éludoit la queſtion. *Inter. 70.*
Qu'elle devoit produire la lettre du Maréchal ou
indiquer qui la poſſédoit ; & d'un autre côté, déclarer le nom du Procureur chez qui étoient ces
45000 livres; qu'elle le connoiſſoit ſûrement, puiſ-
qu'elle avoit écrit au ſieur Vedel *de repoſer là deſſus.*

Elle avoit répondu qu'*elle n'en vouloit pas dire
davantage.*

Que ſes lettres au ſieur Vedel prouvoient qu'elle *Inter. 51.*
lui envoyoit à *dîner* & à *ſouper* , & même du *bois*
pour ſe chauffer.

Que c'étoit ſa *paſſion pour le ſieur Vedel* , & *Inter. 72.*
l'envie de lui faire partager une fortune conſidérable
qu'elle ne pouvoit avoir d'aucun côté , qui l'avoit
déterminé à faire ou faire faire les lettres ou billets du Maréchal.

Qu'à s'en rapporter au nombre conſidérable de *Inter. 73.*
lettres , on avoit lieu de préſumer qu'*elle trompoit
auſſi le ſieur Vedel* , en lui préſentant *des lettres* pré-

tendues, tant *du Maréchal* que de *Pechot*, & que d'un autre côté il y avoit auſſi pluſieurs pieces qui *paroiſſoient conſtituer le ſieur Vedel en mauvaiſe foi.*

Inter. 75. Qu'elle avoit écrit au ſieur Vedel : « Je ne ſais » pourquoi vous me demandez ma confiance. Vous » l'avez, mon Major, *je ne vous laiſſe ignorer que* » *les fineſſes que mon amour m'inſpire pour vous* » *ſervir, mais je ne m'en ſervirai plus* ».

Inter. 76. Qu'il réſultoit d'une lettre d'elle au ſieur Vedel ; 1°. qu'elle *ſurchargeoit celles qu'elle recevoit du Maréchal*, ou au moins *les effaçoit* ; 2°. qu'elle *trompoit le ſieur Vedel*, & l'amuſoit par des promeſſes d'argent.

Inter. 86. Qu'une de ſes lettres au ſieur Vedel faiſoit entendre qu'elle avoit un projet arrêté de ſe procurer de l'argent à quelque prix que ce fut. « Pour avoir » les vingt louis, lui écrivoit-elle, il faut vendre » ton cabriolet & ta tabatiere. Le mois prochain » nous ne ſerons plus dans ces peines. *Huit jours* » *après mon arrivée tu auras de l'argent. J'aurai fait* » *le tour du monde pour l'attraper : Milhau d'abord* » *où j'ai penſé l'avoir ; Tarbes, Poitiers, Paris.* » *C'étoit le terme de nos malheurs, dans le ſecret de* » *nos deſtinées.* Il faut y venir à ce point. *L'on* » *tourne long-tems avant de le connoître* ».

Inter. 88. Qu'après avoir mis en avant qu'elle avoit reçu de M. le Maréchal, peu de tems après ſon arrivée à Paris, (avant le premier billet de cent mille écus) des aſſurances en forme de billets, qu'elle avoit

montrée_s

montrées à plusieurs perfonnes , * qu'une multitude de perfonnes avoit vu. * Inter. 90.

Sommée de nommer une ou deux de ces perfonnes. Inter. 91.

Elle avoit dit qu'*elle n'en pouvoit nommer aucunes, ne s'en fouvenant pas.*

Que elle écrivoit au fieur de Vedel, que Pechot alloit arriver pour lui apporter l'argent qu'elle difoit que M. le Maréchal lui envoyoit par lui; pendant qu'il n'étoit queftion d'aucun voyage de Pechot, comme elle en eft convenue depuis *. Inter. 92, 95 & 97. * Inter. 46 du 2 inter.

Que elle fuppofoit avoir reçu des lettres de M. le Maréchal pour le fieur Vedel; qu'elle envoyoit feulement à ce dernier des copies de ces prétendues lettres; qu'*elle fe chargeoit des réponfes qu'il adreffoit à M. le Maréchal,* & qu'elle *les fupprimoit enfuite.* Inter. 96.

Que le Commiffaire de Graville avoit trouvé chez la femme Leroy, la copie écrite par le fieur Vedel, d'une lettre prétendue adreffée par M. le Maréchal à elle, & dans laquelle on fait dire à M. le Maréchal : « *J'écrirai à Vedel par cet homme* » *qui remettra votre mandat, aux conditious pref-* » *crites par ma lettre. . . . . .* ma fille eft très-malade » & s'en va mourir; pourvu que j'aie un moment, » *j'irai chez vous,* ou je *vous enverrai votre mandat* » *par un homme que j'attends,* & enfuite *je remet-* » *trai votre mandat à cet homme,* qui eft enfin ar- » rivé, *il vous le remettra lui-même dans la femaine* »*qui vient.* » Que cette prétendue lettre, dont Inter. 98.

l'époque étoit fixée par elle-même à la fin de Septembre ou au commencement d'Octobre 1773, démentoit sa réponse, 1°. à l'interrogat 18 du premier interrogatoire, dans laquelle elle avoit dit qu'*elle avoit reçu le second mandat au mois d'Avril précédent*. 2°. À l'interrogat 51 du second interrogatoire, en réponse auquel elle avoit assuré qu'*elle avoit reçu le second mandat à la fin de Mai ou au commencement de Juin 1773 ;* & qu'il en résultoit que cette lettre attribuée à M. le Maréchal n'avoit jamais existé, & que la copie en avoit été fabriquée à plaisir, puisque M. le Maréchal ne pouvoit envoyer, *en Octobre 1773*, le même mandat que Madame la Présidente avoit dit *une fois* avoir reçu dès le *mois d'Avril* précédent, & *une autre fois* au contraire avoir reçu à la fin de *Mai ou au commencement de Juin 1773.*

Inter. 102. Que sommée de représenter les originaux des lettres dont les copies avoient été trouvées transcrites, soit par elle, soit par le sieur Vedel, & sur le contenu desquelles elle avoit établi son histoire dans son premier interrogatoire, (quoique le Juge lui remontrât 1°. que son refus de les déposer étoit une preuve qu'elles n'avoient jamais existé de la part de M. le Maréchal ; que ces copies étoient des projets de lettres, soit par elle seule, soit d'accord avec le sieur Vedel, pour les attribuer à M. le Maréchal, lorsqu'on seroit parvenu à contrefaire des copies, semblables à son écriture ; 3°. que cette idée, on avoit lieu de la croire d'autant plus vraie, que les copies en queſtion étoient cachetées avec plus de ſoin, avec cet intitulé ſur les enveloppes : *brouillons*).

Elle s'étoit contentée de répondre qu'*elle n'en avoit plus en ſa poſſeſſion.*

Que ſommée encore une fois de déclarer le nom du Procureur de Poitiers qui devoit rendre à Pechot les 45000 liv. qui étoient chez lui. Inter. 105.

Elle avoit répondu qu'*elle n'avoit rien à répondre à cela.*

Que ſommée de dire ſi c'étoit elle qui avoit mis ſur le billet de 100000 écus l'acceptation Pechot. Inter. 115.

Elle avoit répondu qu'*elle ne s'en ſouvenoit pas, qu'il y avoit-là beaucoup de perſonnes.*

Que interpellée de déclarer les perſonnes qui ſe trouvoient-là. Inter. 116.

Elle avoit répondu qu'*elle ne s'en ſouvenoit pas.*

Que interrogée ſi le ſieur Vedel avoit connoiſſance de l'acceptation *fauſſe* de Pechot, du mandat de 100000 écus. Inter. 118.

Elle avoit répondu qu'*elle n'en ſçavoit rien ; qu'elle vouloit ſeulement, par cette fauſſe acceptation, eſſayer la confiance de la Dame de Saint Jean.*

Qu'à elle remontré qu'il n'étoit pas naturel de croire que pour eſſayer la Dame de Saint Jean, elle eût ſacrifié un billet de 100000 écus, qu'elle avoit eu tant de peine à avoir. Inter. 119.

Elle avoit répondu *que cela ne pouvoit pas gâter le billet ; que cela avoit été mis dans un coin, & pouvoit s'effacer aiſément.*

C ij

  Que fommée de déclarer pofitivement en combien de billets celui de 100000 écus avoit été con-
verti ; quelles étoient les fommes, les dates, les
échéances de ces billets ; & d'expliquer la contradiction qui fe trouvoit dans fes différens récits fur
ce point, comme, par exemple, en ce que 1°. *elle
avoit annoncé d'abord cinq* ou *fix* billets, *enfuite fept*
ou *huit*, pendant que dans le fait il s'en trouve *dix*.
2°. *Ces billets* ne devoient former *que 100000 écus*,
pendant le tems qu'ils forment *350000 liv.* 3°. Suivant l'idée qu'elle a prêté à M. le Maréchal, *ce
billet de cent mille écus ne devoit point être négocié*,
& cependant, fuivant elle, *il ne s'étoit déterminé à
le convertir en plufieurs petits billets que pour en fa-
ciliter la négociation.*

Elle avoit répondu qu'*elle ne fçavoit ni les dates
ni les échéances de ces billets ; qu'elle fçavoit qu'il
y en avoit de différentes fommes, de 25, 30, 35,
40000 liv.* Lorfqu'elle avoit propofé à M. le Maréchal de convertir fon billet de cent mille écus,
elle s'étoit bien gardée de lui dire que c'étoit pour
le négocier. *Mais qu'elle lui avoit donné à entendre
qu'il lui feroit plus aifé de payer un billet de 20,
25, 30000 liv. qu'un de cent mille écus.*

  Que à elle remontré que cette raifon n'étoit pas
bonne ; parce que 1°. en lui laiffant ce billet de cent
mille écus, *M. le Maréchal auroit pu également donner des à-comptes* fur cette fomme. 2°. Elle préten-
doit *avoir reçu ces billets en Février* ou *Mars*, &

que cela paroiſſoit de toute fauſſeté ; car 1°. *il y avoit pluſieurs billets datés poſtérieurement au mois de Mars, un,* entre autres, *du 8 Mai 1774,* ſurveille de la mort du feu Roi, époque à laquelle M. le Maréchal n'avoit ſûrement ſigné aucun billet. 2°. Comme c'étoit elle qui avoit fait écrire le corps & la date de ces billets, il étoit *contre tout bon ſens que faiſant ſigner en Février ou Mars des billets de la date deſquels elle étoit maîtreſſe.* 1°. Elle les eût fait *poſt-dater,* au lieu de les faire *antidater.* 2°. Elle *eût voulu courir le riſque de perdre ces billets dans le cas où M. le Maréchal fût venu à mourir, dans l'intervalle de Mars à Mai.* Et ſommée d'expliquer ces contradictions.

Elle avoit répondu que quand elle *avoit fait faire ces billets, elle avoit dit aux Écrivains qu'elle employoit, de les faire ſous différentes dates & échéances, qu'elle & n'avoit pas fait les remarques que M. le Lieutenant Criminel venoit de faire.*

Que interrogée comment ayant écrit à M. le Maréchal, le 29 Juin 1774, & pris tant de meſures pour payer ce qu'elle devoit à Poitiers, elle ne lui avoit pas parlé dans ſa lettre, des reſſources qu'il lui avoit procurées pour payer ſes dettes. ●

Elle avoit répondu *qu'elle s'en étoit bien gardée, parce qu'elle ne devoit point négocier de billets.*

Que interrogée ſi elle avoit reçu une lettre de M. le Maréchal, par laquelle il lui marquoit que le Roi lui avoit demandé des nouvelles d'elle ?

Elle avoit répondu qu'*elle ne s'en souvenoit pas.*

Inter 128. *bis.*

Que sommée de *repréfenter les originaux des lettres qu'elle avoit écrit au fieur Vedel, avoir reçues de* **M.** *le Maréchal, & qu'elle avoit marqué au fieur Vedel (par deux lettres à elle repréfentées) contenir des pro-meffes de l'approcher de la perfonne du Roi ;* def-quelles deux lettres d'elle au fieur Vedel, l'une con-tenoit, entre autre chofes, ce que voici : « *cette lettre*
» *du Roi me tourmente : je ne puis que pleurer ou rire*
» *quand j'y penfe. Je t'en prie apporte-la pour que je*
» *la déchire, je te donnerai les fuivantes. Je fuis attra-*
» *pée comme un fondeur de cloches, & tu te moques de*
» *moi* ». L'autre contenoit également ce qui fuit : «*O!*
» *que nous étions laids, & cette grimace de pendu dont*
» *tu me menaças, nous porta malheur ; j'aimerois*
» *mieux être pendue moi-même, que de te voir avec*
» *un air auffi indifférent. Aime moi fi tu le veux, aime*
» *ce qui t'aime ; je te promets de ne pas aimer le Roi,*
» *je ne recevrois de lui fon Royaume que pour te le*
» *donner ; fois tranquille fur mon cœur, les hommes*
» *ne me font pas tourner la tête, & quoique le Roi*
» *s'occupe de moi, & demande de mes nouvelles, je*
» *ne t'en aime pas moins. Je ne puis penfer à cette*
» *folie fans rire,* actuellement que je la tiens dans ma
» poche, » finon qu'il demeureroit pour conftant ;
1°. *qu'elle avoit contrefait, ou fait contrefaire lefdites lettres,* dans l'une defquelles on lit, que M. le Maré-chal lui marquoit que le Roi lui avoit demandé fi Madame *de St Vincent étoit prête à partir ;* 2°. que

le Major s'entendoit avec elle, & que ce concert de fraudes leur donnoit de vives allarmes, témoin les réflexions qu'elle fait *des grimaces du pendu* dans fa lettre au fieur Vedel.

Elle avoit répondu que 1°. *elle s'amufoit à dire & à écrire au fieur Vedel toutes les folies fur lefquelles elle n'eft pas tenue de répondre, n'étant d'aucune conféquence;* 2°. *ne fe fouvenoit aucune-ment de cette hiftoire où elle parloit du Roi, fur quoi elle auroit imaginé de faire une hiftoire au fieur Vedel.*

Qu'à elle remontré qu'on ne fe juftifioit pas ainfi, & que faute par elle d'expliquer nettement cette affaire, il demeureroit pour conftant qu'elle & le Major Vedel s'entendoient pour contrefaire les lettres du Maréchal. Inter. 129.

Elle avoit répondu que peut-être *le Major Vedel fe fouviendroit-il pourquoi elle lui avoit fait tous ces verbiages.*

Que fommée de répondre à tout ce qui indiquoit une relation intime, avec elle & Subbe, & relative au placement d'argent qu'elle avoit tiré de M. le Maréchal. Inter. 146.

Elle avoit répondu que *tout cela étoit des men-teries qu'elle écrivoit à Vedel.*

Qu'à elle remontré que 1°. fa défenfe n'avoit pas de vraifemblable. 2°. Qu'on voyoit indépen-damment de la multitude des circonftances, qui démontroient que M. le Maréchal ne lui avoit ja- Inter. 147.

mais fait de billets, ni écrit de lettres relatives auxdits billets, que 1°. Elle *avoit contrefait* ou *fait contrefaire nombre de lettres qu'elle avoit prétendu avoir reçues de Pechot avec lequel elle est convenue n'avoir point été en relation. 2°. Elle avoit aussi fait contrefaire l'acceptation de Pechot au bas des deux mandats de 100, 000 écus. 3°. Elle avoit été en relation intime avec..... sujets renvoyés de chez M. le Maréchal de Richelieu. 4°. Elle avoit été en relation avec Subbe, & qu'elle ne se justifioit de cette relation, qu'en disant que c'étoit une menterie de sa part. 5°. Que c'étoit aussi la seule réponse qu'elle eût apportée à toutes les questions pressantes qui lui avoient été faites; enforte que d'après son interrogatoire, tout ce qu'elle avoit dit, écrit & fait depuis cette manœuvre de billets de M. le Maréchal de Richelieu, se trouvoit être de toute fausseté. 6°. Qu'il n'y avoit, dans sept à huit cent Pieces qu'on lui avoit représenté, que les billets de M. le Maréchal, & les lettres relatives qui d'après elle seroient vraies.*

Inter. 148.

Que sommée pour la derniere fois de déclarer la vérité, avec représentation qu'elle le devoit, 1°. à la Justice; 2°. à M. le Maréchal de Richelieu; 3°. à l'honneur de sa famille & du nom qu'elle portoit; 4°. à l'intérêt de ses co-accusés que ses réticences inculpoient & compromettoient peut-être plus que ne feroit un aveu positif; 5°. enfin à elle-même.

Elle

Elle avoit répondu qu'elle n'avoit rien autre chofe à dire.

Que I. fommée de repréfenter ou indiquer, où Inter. 149. étoient les originaux des lettres par elle préten- dues reçues de M. le Maréchal, relatives 1°. à la groffeffe qu'elle lui avoit fait accroire ; 2°. à fon accouchement ; 3°. à l'éducation de l'enfant ; 4°. au projet d'être appellée en Cour auprès de la per- fonne du Roi ; 5°. au voyage de Pechot & au- tres. II. A elle obfervé que depuis quatre ou cinq jours que duroient ces interrogatoires, elle avoit eu occafion de voir, & avoit vu certainement fes confeils, fa famille & autres perfonnes qui s'inté- reffent à elle ; 2°. avoir dû, 1°. leur faire part de la maniere dont on infiftoit pour avoir lefdites let- tres ; 2°. leur faire fentir combien elles importoient à fa juftification ; 3°. en conféquence, fe les faire remettre & prendre des précautions pour qu'elles fuffent dépofées au Greffe.

Elle avoit répondu *qu'elle avoit parlé de ces let- tres, & de la maniere dont on infiftoit pour qu'elles fuffent repréfentées à M^e. Joly, l'un de fes confeils, & que ledit M^e. Joly lui avoit demandé fi elle favoit où étoient lefdites lettres, & que fur fa réponfe qu'elle l'ignoroit ; il lui avoit dit, hé bien, vous ne pouvez pas le dire, fi vous l'ignorez.*

L'indignation fuccéda bientôt à l'étonnement, & à l'indignation, la plus poignante inquiétude.

Le 19 Novembre 1776, les deux reconnoiffan-

D

ces foufcrites les 24 Août 1775, & 31 Août 1776, au profit de Trianon, furent contrôlées à Paris.

De Riquehem fit auffi contrôler fon arrêté le même jour, & le lendemain il céda & tranfporta à Trianon, fon beau-frere, ce mémoire arrêté.

Le 22, Trianon fit fommer (1) Madame la Préfidente, de lui rendre & reftituer l'argenterie qu'il lui avoit confiée, de lui en payer la location, & de lui payer également le montant de fon billet du 24 Août 1775, & du mémoire de Riquehem.

Madame la Préfidente ayant refufé de déférer à cette fommation ; Trianon, ès-noms qu'il procéde, préfenta fa requête à M. le Lieutenant Civil, & lui demanda permiffion de faire affigner Madame la Préfidente, fçavoir : fur *le provifoire* à trois jours, & *au fond*, dans les délais de l'Ordonnance ; pour voir dire & ordonner, *fur le provifoire* qu'il auroit lettres de la fommation faite à fa requête à Madame la Préfidente, enfemble du refus qu'elle avoit fait d'y déférer ; ce faifant, *fur le provifoire* que Madame de Saint-Vincent foit tenue de reconnoître fes écritures & fignatures, formant, 1°. les deux reconnoiffances à fon profit, des 24 Août 1775, & 31 Août 1776 ; 2°. l'arrêté étant au bas du mémoire des fournitures à elle faites par de Riquehem ; finon que ces deux reconnoiffances & arrêté de mémoire, feroient tenus & reconnus

______

(1) Voyez aux Pieces Juftificatives le N°. 9.

pour être entiérement écrits & fignés de fa main , *au fond* que Madame de Saint-Vincent feroit condamnée , 1°. *par corps , à lui rendre & reftituer les neuf couverts & grande cuiller à ragout , d'argent , qu'il avoit eu la confiance de lui louer au mois d'Août de l'année 1775* , & à lui payer pour le louage , à raifon d'un fol, pour chacun d'eux , par jour depuis le 31 Août 1776 , jufqu'à ce jour , la fomme de 223 livres 10 fols 11 deniers : à lui payer en deniers ou quittances valables , la fomme de 1279 livres ; fçavoir , 1°. celle de 1200 livres pour le contenu en la reconnoiffance du 24 Août 1775 ; 2°. celle de 79 livres pour le montant du mémoire arrêté au profit de de Riquehem ; enfemble les intérêts à compter du jour de la demande : & pour fûreté , qu'il lui fût permis de faire faifir & arrêter entre les mains des débiteurs de Madame de Saint-Vincent.

M. le Lieuténant Civil répondit la Requête de Trianon le 22 , & lui permit , 1°. d'affigner Madame la Préfidente *au principal* dans les délais, & *fur le provifoire* , à trois jours ; 2°. de faifir & arrêter.

Le 23 , Madame la Préfidente a été affignée *fur le provifoire* , à trois jours , & *au fond* dans les délais de l'Ordonnance.

Le 26 , Madame la Préfidente a conftitué Procureur *fur le provifoire* feulement.

D ij

Le 28 , elle a été fommée de venir plaider a
premier jour , fur la reconnoiffance de fes écritu
res & fignatures.

Affurément elle favoit très-bien ce qu'elle avoi
écrit & figné au profit de Trianon & de de Ri
quehem. Elle pouvoit d'ailleurs d'autant moin
l'ignorer, que le 22 , Trianon lui avoit fait don
ner copie en tête de la fommation des reconnoif
fances des 24 Août 1775 , & 31 Août 1776
& du mémoire arrêté au profit de de Riquehem

Cependant , elle ne crut pas indigne d'elle d
chercher à éloigner le Jugement de ce provifoire
par une chicane.

Elle donna donc des exceptions & requit expref
fément , 1°. une nouvelle copie des Requête
Ordonnance & Exploit des 22 & 23 Novembre
précédent ; 2°. la communication par la voie du
Greffe avec déplacement de ces reconnoiffances &
arrêté de mémoire , 1°. fous prétexte que ces Re
quête , Ordonnance & Exploit , étoient illifibles
2°. fous la réferve expreffe de faire dire & requé
rir ce qu'il appartiendroit.

Il eût été facile à Trianon , de faire déclare
Madame la Préfidente non - recevable dans fes ex
ceptions ; mais il eût fallu plaider : cela eût reculé
le Jugement ; c'étoit fûrement le but de Madame
la Préfidente , & Trianon eût montré trop de com
plaifance.

Il a donc mieux aimé s'exécuter. Il a donné des copies, & le 3 Décembre 1773 , Sentence eft intervenue au profit de Trianon, qui a prononcé ce qui fuit : *Nous , fans s'arrêter aux exceptions de la Partie de Bruge , avons les reconnoiſſances & arrêté dont il s'agit , duement contrôlés , tenus pour reconnus.*

Cette Sentence a été fignifiée le 4. Madame la Préfidente n'y a point formé d'oppofition , elle n'a point obtenu de défenfes de l'exécuter.

Ainfi , la créance de Trianon eft certaine & avérée.

Mais Madame la Préfidente ne conftituoit point de Procureur *fur le fond.* Il a fallu en venir aux fommations. Enfin le 30 Décembre 1776 , Me. de Bruge , qui s'étoit conftitué *fur le provifoire ,* a déclaré qu'il occuperoit *fur le fond.*

Trianon s'attendoit donc à des défenfes ; il fe préparoit à y répondre , à plaider & à obtenir Sentence , lorfqu'il reçut la fignification d'une Requête verbale , qui a pour date le 9 Janvier 1777.

Madame la Préfidente y conclut à ce que « la » Sentence du 3 Décembre précédent , foit dé- » clarée nulle & de nul effet ; *attendu* que la Re- » quête préfentée à M. le Lieutenant Civil , pour » l'affigner , contient bien la demande d'affigner à » l'Audience de l'ordinaire ; mais que le libelle de » l'affignation , qui eft l'acte déterminant la volonté » d'affigner , ne contient pas affignation à la Cham-

» bre de l'Ordinaire : ce qui , aux termes de l'Or-
» donnance au titre des ajournemens , doit être
» fait ; & au furplus fur la demande principale ,
» contenoit pour Madame la Préfidente , toutes
» réferves & proteftations de droit contre les
» Ecrits que l'on avoit fignés d'elle , & réferve de
» les *accorder* ou *contefter* , quand & ainfi qu'il
» appartiendroit ».

Trianon a foutenu , que Madame la Préfidente
étoit non-recevable dans fa demande; qu'elle devoit
être déclarée telle & même déboutée , & on en eft
venu à l'Audience le Mercredi 15.

Ce jour les qualités ont été pofées , & l'Audience
a été indiquée à un jour certain.

Il s'agit donc maintenant d'établir que les conclufions prifes par Trianon , font juftes , & qu'elles doivent lui être adjugées.

Il ne dira rien que de fimple , que de naturel.

Ses moyens font , que :

1°. *Il eft créancier légitime des fommes principales.*

2°. *Elles font échues , & Madame la Préfidente
ne mérite aucune grace.*

3°. *A l'égard de la reftitution de l'argenterie , rien
ne peut le forcer d'attendre la fin du procès de Madame la Préfidente.*

Il va établir fommairement chacun de ces trois
Points.

Ier. P O I N T.

*Trianon est créancier légitime des sommes principales ;
donc, &c.*

Cette créance résulte, comme on l'a dit, de trois titres émanés de Madame la Présidente.

Le premier est celui du 24 Août 1775. Madame la Présidente y a reconnu qu'elle devoit à Trianon la somme de 1200 liv. Les causes qu'elle a elle-même assignées à cette créance, sont celles d'*alimens fournis* & d'*argent prêté*.

Le second est l'arrêté du mémoire de de Riquehem. Ce mémoire est encore un mémoire d'*alimens fournis*. Trianon a remboursé de Riquehem. Par conséquent il est en son lieu & place ; il a la même faveur, les mêmes priviléges.

Le troisieme est la reconnoissance du 31 Août 1776. On y lit que Madame la Présidente reconnoît que Trianon lui a loué l'*argenterie* en question, & qu'elle s'engage à la lui rendre, & à lui en payer les loyers.

Les écritures & signatures de ces reconnoissances & arrêté, ont été reconnues par la Sentence du 3 Décembre 1776. Tout est avéré ; par conséquent la créance est certaine.

Si elle est *certaine*, elle n'est pas moins *légitime* & ne peut être plus favorable. Quoi de plus légitime, quoi de plus favorable, en effet, qu'une créance d'*alimens* ?

La Déclaration du Roi du 23 Décembre 1702, veut que les *Lettres d'Etat ne puiſſent pas empécher les pourſuites pour le paiement d'alimens.* L'article 11 de l'Ordonnance du mois d'Août 1669, portant divers Réglemens pour la Juſtice, & enregiſtrée au Parlement le 13 du même mois, déclare *qu'aucuns répis ne ſeront accordés pour alimens.*

Quels moyens Madame la Préſidente prétendroit-elle donc mettre en avant, pour s'oppoſer à ce que la Sentence qui interviendra n'adjuge point à Trianon les concluſions qu'il a priſes ?…

II. POINT.

Les créances de Trianon ſont échues, & Madame la Préſidente ne mérite aucune grace.

C'eſt un principe en Droit, que toutes les fois qu'un débiteur n'eſt point convenu avec ſon créancier d'un terme fixe pour le paiement de ſa dette, il en eſt tenu de l'inſtant même qu'il l'a contraЄée, & il en eſt tenu ſans aucun délai : *In omnibus obligationibus in quibus dies non ponitur, præſenti die debetur.* L. 14. §. de Regul. Juris.

Or, par ſes arrêté & reconnoiſſances, Madame la Préſidente n'a pris aucun terme de paiement avec Trianon & de Riquehem : ils ne portent aucuns délais.

Par conſéquent les créances ſont échues ; par conſéquent

conféquent Trianon a un droit raifonnable & même honnête , d'en exiger le paiement.

Il y eft même d'autant mieux fondé , & Madame la Préfidente mérite , à cet égard , d'autant moins de grace , qu'elle a plus d'argent dans fes coffres.

Ce font les interrogatoires de Ruby , du fieur Vedel de Montel , & les fiens à elle·même qui l'ont appris à Trianon.

Ils difent qu'*elle a reçu*, au milieu de l'année 1774 , fur les billets qu'elle attribue à M. le Maréchal de Richelieu , une fomme de *cent vingt mille francs*.

Or , qu'a-t-elle fait de ces 120000 liv. finon de les *garder* ? On dit de les *garder* , parce que Madame la Préfidente ne paye perfonne , & qu'elle acquiert de tout le monde. Entre mille exemples , Trianon s'arrête à ceux·ci.

Elle a donné le 4 Septembre 1775 des culottes &c. à M. l'Abbé Coulon , & ces culottes , &c. elle les doit encore & refufe de les payer au fieur Fourfon , Tailleur , qui les a fourni & qui en demande le paiement en Juftice.

Son Imprimeur n'a rien reçu de l'impreffion de fes Mémoires. Et à combien de Traiteurs , Tailleurs , Cordonniers & autres fourniffeurs ne refufe-t-elle pas le paiement de fommes affez confidérables ?

Obtient-on des condamnations contr'elle ? Veut-on les exécuter fur fes meubles ? elle en élude l'effet par le moyen d'un bail à loyer qu'elle paroit tenir d'un Tapiſſier qui ſe prête à réclamer ces meubles comme s'ils lui appartenoient.

Si Madame la Préſidente étoit ſans moyens, ſi elle étoit dénuée, ſi elle étoit honnête & de bonne foi; Trianon n'eſt point riche, il eſt même chargé d'une nombreuſe famille, néanmoins il viendroit encore à ſon ſecours.

Mais il n'en eſt point ainſi : Madame la Préſidente a manqué à ſon égard à la bonne foi. On l'a taxée de malhonnêteté : enfin, elle a de l'argent, elle en a beaucoup, & lui retient inhumainement le paiement d'une créance auſſi ſacrée que celle d'*alimens fournis*. Il le déclare donc; elle n'a plus rien à attendre de lui; elle ne mérite aucune grace; il ne lui en fera aucune.

I I I^e P O I N T.

Rien ne peut forcer Trianon à attendre la fin du procès de Madame la Préſidente, pour exiger la reſtitution de ſon argenterie.

Toutes ſortes de raiſons concourent à établir la ſolidité de ce point, mais entr'autres trois :

1°. Madame la Préſidente a mis en gage, peut-être même a-t-elle vendu cette argenterie.

2°. L'époque du Jugement de ſon procès eſt incertaine.

3°. Il eſt incertain qu'elle obtienne aucuns dommages & intérêts, aucuns fuccès contre M. le Maréchal de Richelieu.

I. Quand on dit que Madame la Préfidente a mis en gage ou vendu l'argenterie de Trianon, on ne dit rien que tout ne concoure à prouver,

1°. Madame la Préfidente eft hors d'état de la repréfenter ; elle l'a refufé.

2°. Elle en eft convenue avec Trianon.

3°. La lettre anonyme du 30 Septembre 1766 l'annonce.

Or, cette mife en gage de l'argenterie établit feule la juftice des conclufions de Trianon. Il n'a rien demandé qui ne foit dans les principes du Droit.

La répétition de cette argenterie ainfi mife en gage ou vendue , eft celle d'un dépôt volontaire odieufement violé. Madame la Préfidente a (pour adoucir la force du terme) abufé de la foi publique & de la confiance particuliere de Trianon. Elle a aggravé ce premier délit , en expofant cet honnête homme au difcrédit, lorfqu'elle a fait courir chez les Prêteurs ou chez les Orfévres , une argenterie qui porte fon nom, & par conféquent ne devoit être déplacée de la maifon de Madame la Préfidente , que pour rentrer dans la fienne.

Une pareille conduite eft un crime dont il eût été bien fondé à rendre plainte & à faire prononcer le châtiment : mais il a mis plus de modération dans fa conduite que Madame la Préfidente n'avoit apporté de délicatesse & de bonne foi dans la sienne : il s'est contenté de la poursuivre civilement.

Ce n'est pas que dans les procédures civiles, les Loix montrent plus d'indulgence à ceux qui n'ont pas craint d'enfreindre la foi publique.

En effet, l'article 4 du titre 34 de l'Ordonnance de 1667, veut *que les Cours & Juges condamnent par corps en matiere civile pour dépôt nécessaire.*

L'Ordonnance de 1669 *déclare qu'il ne sera accordé ni Lettres d'état, ni Repit aux violateurs des dépôts ;* & ces dispositions ont été renouvellées par l'article 10 de la Déclaration du 23 Décembre 1699.

II. On a dit que l'époque du Jugement étoit incertaine, & rien n'établit le contraire. Ce seroit à Madame la Présidente à administrer cette preuve du contraire ; elle ne l'a point fait, & cela lui est même impossible.

III. Mais cette époque fût-elle aussi certaine qu'elle ne l'est pas, elle n'en deviendroit pas un moyen plus solide pour Madame la Présidente : car Trianon regarde comme encore plus incertain qu'elle obtienne aucuns dommages & intérêts, ni même aucuns succès contre M. le Maréchal de Richelieu.

Sur quoi, en effet, en fonderoit-elle l'espoir ? Sur rien de raisonnable. Intérieurement elle n'y compte pas plus que Trianon. Cette annonce de dommages & intérêts & de succès contre M. le Maréchal de Richelieu, enfin le procès lui-même, font autant de rufes qu'elle emploie avec adreffe pour tromper le public, & fe faire un capital à fes dépens.

Ces dernieres réflexions, ce font les interrogatoires de Madame la Préfidente & fes réponfes à ces interrogatoires, qui les font naître.

Prend-on la peine de les lire?.... Ils ne préfentent que des menfonges groffiers, des artifices & des détours de toutes efpèces, des obfcénités fans nombre, enfin un defir défordonné d'avoir & de fe procurer de l'argent par quelques voies que ce foit.

Pour en *foutirer* à M. le Maréchal, elle *feint qu'il l'a rendue mere ;* & l'enfant dont elle fe dit *enceinte,* par une nouvelle fuppofition, *elle l'attribue,* dans le même temps, au fieur Vedel de Montel *à qui elle vouloit paroître intéreffante, & de qui elle vouloit être aimée.*

Se peut-il un autre moyen plus odieux, pour parvenir au même but, que la fabrication 1°. de l'acceptation Peixoto fur les deux mandats de 100000 écus, fur l'un defquels Madame la Préfidente vouloit emprunter 25000 livres. 2°. Des autres Billets attribués à M. le Maréchal de Richelieu.

Peut-on avouer plus formellement ces crimes que l'a fait Madame la Préfidente, 1°. par la lettre qu'elle écrivit le 16 Juillet 1774, à M. le Maréchal de Richelieu, en réponfe à celle qu'elle en avoit reçu fous la date du 12, & qu'on lit aux pages 11 & 12 de ce Mémoire. 2°. Par tous ces défauts de mémoire qu'elle alléguoit sur les explications de ses réponses. 3°. Par ces refus de répondre & ces déclarations *qu'elle avoit menti* toutes les fois que le Magistrat qui l'interrogeoit, l'incommodoit par la force & la solidité de ses interrogats?

Si d'après tout cela, si d'après l'extrait des interrogatoires de Madame la Présidente, qu'on a lu aux pages 9, 10, 11, 12, 13, 14, 15, 16, 17, 18, 19, 20, 21, 22, 23, 24 & 25 de ce Mémoire, Trianon étoit obligé d'attendre l'événement de son procès, quels risques n'auroit-il donc pas à courir ? Qui lui répondra que Madame la Présidente ne s'évadera pas? Elle lui a donné tant de paroles, elle les a si souvent violées, elle étoit elle-même si décidée à prendre la fuite avant qu'elle fût décrétée de prise-de-corps, que toutes sortes de raisons le décident à n'avoir plus en elle la moindre confiance, à redouter tout de sa part.

Trianon soutient donc qu'il n'est & ne peut être contraint à attendre l'événement du procès de Madame la Présidente, quoiqu'elle en ait inséré la clause dans sa reconnoissance du 31 Août 1776.

Les conclusions qu'il a prises contre elle, sont fondées sur l'équité & sur la raison, & elles doivent lui être adjugées. *Signé*, J. T. TRIANON.

PIECES JUSTIFICATIVES.

Paris, ce 24 Août 1775, entre les deux gui- N°. 1.
chets.

Je reconnois devoir à M. Trianon, Traiteur,
la fomme de douze cent livres, pour nourriture
& argent prêté, qu'il m'a donné & fourni jufqu'aujourd'hui ci-deffus énoncé. A Paris, cejourd'hui le
vingt-quatre Août mil fept cent foixante-quinze,
figné Vence de Saint-Vincent. Bon pour 1200 livres.
Contrôlé à Paris le 19 Novembre 1776; reçu neuf
livres deux fols. *Signé* Boiteux.

Mémoire de Madame de Saint-Vincent, fourni N°. 2.
par de Riquehem.

Du 16 Janvier 1775.

	liv.	fols;
1 fricaffée de deux poulets. . . .	5	
1 tourte de cervelle de veaux garni d'un ragoût.	6	
1 gâteau au riz.	4	
Du 17 la façon d'un falmis. . .	1	5
1 poularde fine.	4	10
Du 18 1 plat de morue au gratin. .	3	10
6 merlans frits.	2	10
Du 19 1 plat de morue au gratin. .	4	
1 darde de faumon frais. . .	5	10
1 plat de raie.	5	
	41	5

liv. fols.

De l'autre part ci. 41 5

Du 20 aloyau rôti. 2 10
   1 poulet en ragoût. 3 10
   1 dinde graffe. 5
   1 crême brûlée. 2 10
Du 21 une fauffe d'anchois à l'aloyau. . 1
   1 plat de beignets. 2
Du 22 1 canard aux olives. . . . 4
   1 perdrix au coulis de lentilles. . . 3
   6 fauciffes. 18
Du 23 1 carré de mouton piqué. . . 3
   1 poularde au gros fel. 4 10
   2 perdreaux rôtis. 4
   1 plat de beignets. 2

Total. 79 3

Arrêté le préfent mémoire, convient devoir 79 liv. à M. de Riquehem, *figné* Vence de Saint-Vincent. Contrôlé à Paris le dix-neuf Novembre 1776 ; reçu quatorze fols.

N°. 3.   M. Trianon, M. de Caftelane a écrit qu'il n'arriveroit que mardi. Je vous enverrai une lettre ce foir pour que vous alliez le trouver mercredi matin, à neuf heures. Je vous fouhaite le bon-jour, mon cher Monfieur. *Signé* V. de Saint-Vincent.

N°. 4.   M. le Vicomte de Caftelane, Hôtel Touloufe, proche la place Victoire.

M.

M. l'Abbé Coulomb eſt obligé de ſortir ces ma-
tins-ci; je prie M. Trianon de paſſer chez lui à
une heure & demie, & vous le trouverez.

M. Trianon, Traiteur, rue Saint Jacques-la- N°. 5.
Boucherie, près l'Apport de Paris.

M. Trianon, vous ſçavez que j'ai eu des affaires
au Palais tous ces jours-ci. Je ne puis arranger mes
affaires que dans la journée d'aujourd'hui. Je vous
enverrai dire ce ſoir quelques choſes de poſitif. Ne
venez pas ce matin parce que vous me trouveriez
peut-être occupée à cela. Bonjour M. Trianon.
Signé Vence de S. Vincent.

A M. Trianon, Traiteur, rue Saint Jacques- N°. 6.
de-la-Boucherie, Apport-Paris.

M. Trianon, je ne finis point hier mon affaire,
ce n'eſt qu'aujourd'hui, encore faut-il que je ne ſois
pas détournée. Mais ſi je finis aujourd'hui, je vous
enverrai 10 ou 12 louis ce ſoir, ou demain. Voilà
ma parole d'honneur, ſur laquelle vous pouvez
compter; mais je ne puis vous aſſurer le moment.
Ne venez pas, parce que j'enverrai chez vous.
Bonjour mon cher M. *Signé* Vence de Saint-
Vincent.

Je reconnois avoir entre mes mains, *neuf* N°. 7.
*cuillers & autant de fourchettes d'argent, & une
grand cuiller à ragoût,* appartenant à *Jacques-
Thomas* Trianon, Traiteur, depuis le mois d'Août
de l'année 1775 ; leſquels couverts je promets
rendre au ſieur Trianon, *lorſque mon Procès ſera*

F

jugé. A Paris, ce 31 Août 1776; lefquels couverts *j'ai à location* depuis le mois d'Août de
l'année derniere, *figné* Vence de Saint-Vincent.;
Contrôlé à Paris, le 19 Novembre 1776; reçu
quatorze livres dix-huit fols. *Signé* Boiteux.

Nᵒ. 8.   A Monfieur, Monfieur Trianon, Traiteur, rue
Saint-Jacques-de-la-Boucherie, Apport-Paris.
A Paris.

De   ce   1776.

Monfieur,

Votre ferviteur vous avertit que *vos couverts
d'argent font engagés de la part de madame de
Saint-Vincent*. Je vous prie de faire vos démarches
pour les ravoir, parce qu'ils font en grand danger
d'être foutus. Ainfi voyez à vous arranger là-deffus.
Je fuis avec le plus grand attachement, Monfieur,
votre ferviteur.

Nᵒ. 9.   L'an mil fept cent foixante - feize, & le
vingt - deuxieme jour de Novembre, à la Requête du fieur *Jacques-Thomas* Trianon, Maître
Traiteur à Paris, y demeurant, rue & Paroiffe
Saint - Jacques - de - la - Boucherie, où il fait élec-
tion de domicile, tant en fon nom que comme
ceffionnaire des droits du fieur *Pierre* de Riquehem, fon beau - frere, auffi Maître Traiteur à Paris, rue Sainte - Marguerite, Paroiffe
Saint Sulpice, par acte paffé en brevet devant
Belime & fon Confrere, Notaires à Paris, le
vingt du préfent mois, j'ai, *Nicolas - François*

Cinget, Huiſſier à Verge au Châtelet de Paris, y demeurant rue des Maçons, Paroiſſe Saint-Severin, ſouſſigné, fait ſommation à Dame *Julie de Villeneuve-Vence*, épouſe de Meſſire *Jules-Fauris de Saint-Vincent*, ancien Préſident à Mortier au Parlement d'Aix, demeurant à Paris rue de Sorbonne, en parlant à une fille domeſtique, qui n'a dit ſon nom de ce ſommée.

De préſentement, 1°. rendre & reſtituer audit ſieur Trianon, ou à moi, Huiſſier pour lui porteur de Pieces, les *neuf couverts & grande cuiller à ragoût d'argent*, que le ſieur Trianon a loué à ladite Dame Préſidente de Saint-Vincent, au mois d'Août 1775, & qu'elle s'eſt engagée par ſon écrit ſous ſignature privée, en date du trente-un Août mil ſept cent ſoixante-ſeize, contrôlé à Paris le dix-neuf de ce mois, de lui remettre. 2°. Payer audit ſieur Trianon, ou à moi, Huiſſier pour lui, porteur de Pieces, pour le louage deſdits *neuf couverts & grande cuiller à ragoût d'argent*, à raiſon d'un ſol pour chacun d'eux par jour, depuis le trente-un Août mil ſept cent ſoixante-quinze, juſqu'à ce jour, la ſomme de deux cent vingt-trois livres dix-ſept ſols. 3°. Payer audit ſieur Trianon, ou à moi, Huiſſier pour lui, Porteurs de pieces, en deniers ou quittances valables, la ſomme de douze cent ſoixante-dix-neuf livres ; ſçavoir, celle de douze cens livres pour le contenu au billet ſouſcrit par ladite Dame Préſidente de Saint-Vincent, au profit dudit ſieur

Trianon, le vingt-quatre Août mil sept cent soi-
xante-quinze, duement contrôlé à Paris, le dix-neuf
de ce mois ; & celle de soixante-dix-neuf livres pour
le montant du mémoire arrêté par ladite dame Présidente de Saint-Vincent, au profit dudit sieur
Pierre de Riquehem, qui a été contrôlé à Paris le
dix-neuf de ce mois, & dont ledit sieur de Riquehem a fait transport audit sieur Trianon, par
ledit acte du vingt de ce mois ; aux offres par moi
Huissier, audit nom, de remettre à ladite dame Présidente de Saint-Vincent, lesdits titres de créance ;
laquelledite dame Présidente de Saint-Vincent, parlant
comme dit est, *a été refusante de restituer* lesdits *neuf
couverts & grande cuiller à ragoût d'argent*, & de
payer les susdites sommes à elle demandées ; pour
quoi je lui ai déclaré, parlant comme dessus, que
ledit sieur Trianon se pourvoiroit incessamment
pour l'y faire contraindre ; & j'ai, à ladite dame
Présidente de Saint-Vincent, au domicile & parlant
comme dessus, laissé copie desdites reconnoissances des vingt-quatre Août mil sept cent soixante-
quinze, & trente-un Août mil sept cent soixante-
seize, dudit mémoire arrêté au profit dudit sieur
de Riquehem, dudit acte de transport du vingt de
ce mois, ensemble du présent, à ce que du tout
elle n'ignore. *Signé* CINGET. Contrôlé à Paris le
ving-deux Novembre 1776, reçu onze sols. *Signé*
BUJON fils pour BOUVET.

LE Conseil soussigné qui a lu attentivement le Mémoire *pour* le sieur Trianon, *contre* Madame la Présidente de Saint - Vincent ; ensemble , 1°. les Pieces Justificatives ; 2°. l'Imprimé *in. 4°.* en cent une pages , estampé enfin, *M^e. Tronchet, Avocat*, contenant les *Interrogatoires* subis au Châtelet par Madame la Présidente de Saint-Vincent :

Estime que les moyens employés par le sieur Trianon, appuyés des Pieces jointes à son Mémoire , doivent triompher de tous les détours dont on veut le rendre victime , & qu'il n'y a point à douter qu'il n'obtienne la justice qu'il poursuit, & qui lui est due à si juste titre.

Délibéré à Paris le 24 Janvier 1777. MALLET.

LE Conseil soussigné qui a pris lecture du Mémoire , ensemble des Pieces Justificatives & de la Consultation , délibérée cejourd'hui à Paris par Me Mallet, le tout des autres parts , même de l'Exemplaire imprimé des Interrogatoires subis par Madame la Présidente de Saint-Vincent au Châtelet de Paris :

Est d'avis des moyens & résolutions contenus en la Consultation de Me Mallet.

Délibéré à Paris le 24 Janvier 1777. DE LA VILLE.

A PARIS. De l'Imprimerie de VALLEYRE jeune , rue St Sev.